EXTRAIT

DU DÉCRET DU 13 OCTOBRE 1863

PORTANT RÈGLEMENT

SUR LE

SERVICE DANS LES PLACES DE GUERRE

ET VILLES DE GARNISON

A L'USAGE SPÉCIAL DE LA GENDARMERIE

PARIS

LÉAUTEY, IMPRIMEUR-LIBRAIRE DE LA GENDARMERIE

RUE SAINT-GUILLAUME, 23, F. S.-G.

1864.

EXTRAIT

DU DÉCRET DU 13 OCTOBRE 1863

PORTANT RÈGLEMENT

SUR LE

SERVICE DANS LES PLACES DE GUERRE

ET VILLES DE GARNISON

A L'USAGE SPÉCIAL DE LA GENDARMERIE.

PARIS
LÉAUTEY, IMPRIMEUR-LIBRAIRE DE LA GENDARMERIE
RUE SAINT-GUILLAUME, 23, F. S.-G.

—

1864.

EXTRAIT

DU DÉCRET DU 13 OCTOBRE 1863

PORTANT RÈGLEMENT

SUR LE

SERVICE DANS LES PLACES DE GUERRE

ET VILLES DE GARNISON

A L'USAGE SPÉCIAL DE LA GENDARMERIE.

NAPOLÉON, par la grâce de Dieu et la volonté nationale, EMPEREUR DES FRANÇAIS, à tous présents et à venir, SALUT.

Considérant que, par suite des changements survenus dans la constitution civile et militaire de la France, l'ordonnance du 1er mars 1768, qui régit le service dans les places et dans les quartiers, a cessé d'être applicable dans un grand nombre de ses dispositions;

Considérant que les lois, décrets et ordonnances qui en ont successivement modifié les prescriptions sont restés sans liaison entre eux et ne forment pas un règlement complet sur la matière;

Voulant préciser les règles du service dans les places de guerre et villes de garnison, les rendre uniformes, les coordonner avec la législation en vigueur, et déterminer les rapports entre l'autorité militaire et l'autorité maritime dans les places de guerre qui sont ports de la marine impériale;

Sur le rapport de notre ministre secrétaire d'Etat au département de la guerre,

Nous avons décrété et décrétons ce qui suit :

TITRE PREMIER.

DES DIFFÉRENTS RAPPORTS SOUS LESQUELS LES PLACES DE GUERRE DOIVENT ÊTRE CONSIDÉRÉES.

CHAPITRE PREMIER.

Article 1er. Les places de guerre, relativement au commandement, au service et à la police, sont considérées sous les trois rapports :

De l'état de paix,
De l'état de guerre,
De l'état de siége.

TITRE II.

DU COMMANDEMENT DES PLACES DE GUERRE. — DROIT AU COMMANDEMENT.

CHAPITRE II.

Disposition générale.

2. Nul ne peut commander une place de guerre s'il n'est né ou naturalisé Français.

Nomination au commandement des places.

3. Les commandants des places de guerre sont nommés par l'Empereur.

Commandement provisoire.

5. En toutes circonstances, lorsque le commandant de place est absent ou lorsqu'il ne peut remplir ses fonctions, le commandement provisoire est exercé par l'officier supérieur ou autre, employé activement, qui, par son grade ou par son ancienneté, occupe dans la place le premier rang, sans distinction d'armes ou de fonctions, à l'exclusion de ceux qui s'y trouvent en passage, mission, congé, etc.

TITRE III.

DE L'ÉTAT DE PAIX.

DEVOIRS ET ATTRIBUTIONS DES OFFICIERS ET EMPLOYÉS MILITAIRES DE L'ÉTAT-MAJOR DES PLACES. — RÈGLES DU SERVICE.

CHAPITRE III.

Définition de l'état de paix.

Caractère de l'état de paix.

6. L'état de paix existe toutes les fois que la place ou le poste n'est point constitué en état de guerre ou de siége par une loi, par un décret ou par l'effet des circonstances prévues aux articles 230 et 247.

CHAPITRE VI.

Rapports du commandant de place avec les autorités militaires.

Rapports avec les commandants des troupes.

39. Les commandants des corps et détachements de la garnison sont, ainsi que leurs troupes, soumis à l'autorité du commandant de place, pour tout ce qui tient au service et à la police générale de la place. Quant à la police dans l'intérieur des casernes, les commandants de corps ou de détachements l'exercent immédiatement, conformément aux règlements.

Le commandant de place ne peut s'immiscer dans l'administration intérieure des corps de troupes.

Les demandes que le commandant de place est dans le cas d'adresser aux chefs de corps ou de détachement sont formulées sous forme de réquisition, lorsque le chef de corps ou de détachement est son supérieur par le grade; sous forme d'ordre, lorsqu'il est son inférieur ou son égal en grade.

La réquisition est formulée au nom du général commandant la subdivision et en termes respectueux.

Le chef de corps ou de détachement est, du reste, toujours tenu d'obtempérer à la demande, qu'elle soit faite sous forme d'ordre, ou simplement de réquisition.

Les chefs de corps doivent au commandant de place (1) :

1° Le premier jour de chaque mois, une situation de leurs troupes;

2° Tous les cinq jours un rapport, indiquant les mutations en gain ou en perte, survenues depuis le rapport précédent, et le nombre d'hommes qui, à divers titres, ne sont pas disponibles pour le service ;

3° Tous les jours, un rapport contenant les noms des officiers, sous-officiers et caporaux qui prennent le service à la garde montante, les punitions infligées par les officiers du corps ou ceux de la place pour fautes commises dans le service de la place ou pour infractions aux consignes générales de police, et les renseignements dont ils n'ont pas cru nécessaire de l'informer sur-le-champ : un adjudant porte ce rapport au secrétariat de la place, tous les matins, à l'heure fixée par le commandant de place;

4° Le billet de l'appel du soir, désignant nominativement les hommes qui ont manqué à cet appel : ce billet cacheté est, aussitôt après l'appel, porté au secrétariat par un soldat de la garde de police;

5° Enfin les chefs de corps ou chefs de service doivent envoyer au visa du commandant de place les permissions d'absence, même pour une seule nuit, qu'ils accordent aux militaires ou agents sous leurs ordres.

CHAPITRE XIII.

De la police militaire dans les places.

Maisons de jeu, cabarets, filles publiques.

138. Le commandant de place ne permet pas que les militaires de la garnison se livrent aux jeux de hasard. Lorsqu'il est informé qu'une maison de jeu est fréquentée par eux, il la signale à l'autorité civile.

Il peut aussi requérir la visite des auberges, cafés, cabarets et autres lieux publics, pour que les militaires n'y soient pas reçus après la retraite.

Toute fille publique rencontrée dans les casernes ou établissements militaires est arrêtée et remise à la police civile.

Le commandant de place a droit au concours de l'autorité civile pour toutes les mesures de recherche et de précaution, à l'égard des filles publiques, qu'exige le soin de la santé des hommes.

Déserteurs.

139. Dès qu'un militaire de la garnison est soupçonné de désertion, le chef du corps auquel il appartient envoie sur-le-champ son signalement au commandant de place, indépendamment de celui qu'il est tenu de faire

(1) Voir l'art. 146, dernier paragraphe, pour l'état de situation que le commandant de la gendarmerie locale doit au commandant de place.

remettre à la gendarmerie; le commandant de place prend les mesures nécessaires pour le faire arrêter.

CHAPITRE XIV.

Du service de la gendarmerie dans les places.

Rapports du commandant de place avec la gendarmerie.

146. Les officiers de gendarmerie en résidence dans une place de guerre sont subordonnés au commandant de place pour tout ce qui concerne l'observation des règles de la discipline générale; ils concourent, sous sa direction, à l'exécution des mesures de police militaire; ils ne sont tenus de lui rendre compte que lorsque les ordres qu'ils reçoivent intéressent le service ou la sûreté de la place.

Excepté dans l'état de siége, la gendarmerie n'est pas considérée comme faisant partie de la garnison; le commandant de place ne peut ni l'appeler à la parade, ni la passer en revue, ni la réunir pour des objets étrangers à ses fonctions.

Le commandant de la gendarmerie fait connaître au commandant de place les événements qui peuvent intéresser l'ordre public dans la place. Il le prévient toutes les fois qu'il s'opère dans l'intérieur de la place ou dans le rayon kilométrique une réunion de gendarmerie autre que celle de la résidence.

Il lui envoie, le 1er de chaque mois, l'état de situation numérique de la gendarmerie de la place.

Ordres à la gendarmerie.

147. Lorsqu'en raison de circonstances particulières, le commandant de place est dans le cas de donner des ordres à la gendarmerie, l'officier ou le sous-officier qui la commande est autorisé à faire des représentations motivées, s'il trouve que ces ordres sont de nature à compromettre le service spécial dont il est chargé. Si le commandant de place maintient son ordre, le commandant de la gendarmerie est tenu de l'exécuter; il en est rendu compte au ministre de la guerre par la voie hiérarchique.

Portes ouvertes à la gendarmerie.

Le commandant de place est tenu d'obtempérer aux demandes écrites que lui fait le commandant de la gendarmerie pour que les portes, qui, par exception, seraient fermées la nuit, soient ouvertes toutes les fois que le service l'exige, à lui ou à ses subordonnés.

Troupes employées avec la gendarmerie.

148. Lorsqu'un détachement de troupes est appelé à seconder la gendarmerie dans son service spécial, le commandement supérieur appar-

tient à l'officier des deux troupes le plus élevé en grade ou le plus ancien dans le grade. Si c'est, d'après cette règle, l'officier de troupe qui a le commandement, il doit obtempérer aux demandes écrites de l'officier de gendarmerie, qui demeure responsable de l'exécution de son mandat.

Exécution des jugements militaires.

149. Pour l'exécution des jugements rendus par les tribunaux militaires, la gendarmerie ne peut être commandée qu'en vue d'assurer le maintien de l'ordre; elle reste étrangère aux détails de l'exécution.

CHAPITRE XVI.

Des conseils de guerre et des exécutions.

Réunion des conseils de guerre. — Exécution des jugements.

153. Dans les places où siégent les conseils de guerre, le commandant de place est informé par le commissaire impérial des jours et heures auxquels ils sont convoqués; il fait commander les détachements nécessaires pour l'escorte des prévenus et pour la police des séances.

Lorsque les troupes de la garnison doivent assister, en totalité ou en partie, à l'exécution d'un jugement rendu par un conseil de guerre, le commandant de place, après avoir reçu les ordres du général commandant la subdivision, indique le lieu et l'heure de l'exécution, ainsi que le nombre d'hommes armés qui doit s'y trouver. Il prend toutes les mesures propres à assurer le maintien de l'ordre, et fait commander les détachements de gendarmerie et de troupes qui sont nécessaires (article 149).

Condamnation aux travaux forcés, à la déportation, à la détention, à la réclusion, au bannissement et aux travaux publics.

155. Si le jugement porte condamnation à la peine des travaux forcés, à celle de la déportation, de la détention, de la réclusion, du bannissement ou des travaux publics, l'exécution a lieu à la parade. Le corps auquel appartenait le condamné s'y trouve en entier; il occupe la droite. Le condamné est amené par un détachement.

Tout militaire condamné aux travaux forcés, à la déportation, à la détention, à la réclusion ou au bannissement est dégradé à la parade, après que la lecture de son jugement a été faite par le greffier. Le commandant des troupes réunies pour la parade prononce à haute voix la formule de dégradation : « NN (nom et prénoms du condamné), vous êtes indigne de porter les armes; de par l'Empereur, nous vous dégradons. » Le plus ancien sous-officier du détachement qui a conduit le condamné lui enlève les insignes de grade et les décorations, s'il y a lieu, les épaulettes et tous les accessoires de l'uniforme qui sont des marques distinctives. Le condamné, conduit par un caporal ou brigadier et quatre soldats, passe ensuite devant le front des troupes, qui sont au port d'armes.

Tout militaire condamné aux travaux publics est conduit à la parade, revêtu de l'habillement des condamnés; il lui est donné par le greffier lecture du jugement: puis il passe devant le front des troupes, comme il vient d'être dit.

Les condamnés sont remis à la gendarmerie immédiatement après l'exécution des dispositions ci-dessus.

CHAPITRE XVIII.

Surveillance du commandant de place sur le casernement des troupes, les corps de garde, les hôpitaux et les prisons militaires.

4° *Surveillance sur les prisons militaires.*

Formalités à observer pour l'entrée et la sortie.

178. Le commandant de place signe l'ordre d'écrou pour les sous-officiers, caporaux, brigadiers et soldats; cet ordre fait mention des effets que le détenu emporte avec lui. Lorsque la punition est expirée ou lorsque le militaire prévenu est absous, le commandant de place le fait mettre en liberté; si le corps auquel ce militaire appartient se trouve dans la place, le commandant envoie l'ordre d'extraction revêtu de sa signature au chef de corps, qui fait prendre le détenu, s'il y a lieu.

Le commandant de place veille à ce que les punitions pour cause de discipline ne soient jamais prolongées au delà du terme fixé par les règlements.

Les militaires conduits de brigade en brigade par la gendarmerie peuvent être reçus dans la prison militaire sans l'autorisation préalable du commandant de place; mais les gendarmes sont tenus de faire enregistrer les noms de ces militaires à l'état-major de la place, auquel ils communiquent l'ordre de conduite.

Tout ordre donné à la gendarmerie pour extraire des militaires de la prison est visé par le commandant de place.

Nourriture des détenus.

181. Les militaires punis pour fautes contre la discipline reçoivent leur nourriture des ordinaires de leurs corps ou des corps où ils ont été mis en subsistance. Les militaires en jugement ou détenus en vertu d'un jugement, ceux qui voyagent sous l'escorte de la gendarmerie, sont nourris par les soins de l'agent principal, par voie d'abonnement, conformément aux prescriptions du règlement; ils reçoivent le pain des magasins de l'État. Le commandant de place règle par un ordre permanent la nourriture des détenus mis au cachot.

Les heures des repas sont les mêmes que celles fixées pour la troupe par le règlement sur le service intérieur.

CHAPITRE XX.

Du passage, du séjour et du départ des troupes en route.

Sortie de la place; hommes restés en arrière.

198. La troupe sort de la place en bon ordre; elle est arrêtée en dehors du faubourg, et l'appel est fait. Les noms des hommes manquants sont envoyés au commandant de place et au commandant de l'arrière-garde.

Les chefs des postes placés aux portes ne laissent rentrer aucun soldat, s'il n'est porteur d'un ordre écrit ou s'il n'est accompagné d'un caporal, d'un brigadier ou d'un sous-officier.

Après le départ, le commandant de place fait arrêter et remettre entre les mains du commandant de l'arrière-garde les soldats qui sont trouvés, sans autorisation, dans la place. Après le départ de l'arrière-garde, les hommes en retard sont remis à la gendarmerie.

TITRE IV.

DE L'ÉTAT DE GUERRE.

CHAPITRE XXVI.

Déclaration de l'état de guerre.

Comment l'état de guerre est déclaré.

230. L'état de guerre est déclaré par une loi ou un décret, toutes les fois que la situation oblige à donner à la police militaire plus de force et d'action que pendant l'état de paix.

Il résulte, en outre, des circonstances suivantes :

1° En temps de guerre, lorsque la place est en première ligne, ou sur la côte, ou à moins de cinq journées de marche des places, camps et positions occupés par l'ennemi;

2° En tout temps, quand on fait des travaux qui ouvrent une place ou un poste situé sur la côte ou en première ligne;

3° Lorsque des rassemblements sont formés dans le rayon de cinq journées de marche, sans l'autorisation des magistrats.

Le Ministre de la guerre est immédiatement informé.

TITRE V.

DE L'ÉTAT DE SIÉGE.

CHAPITRE XXVIII.

Déclaration de l'état de siége.

Comment l'état de siége est déclaré.

247. L'état de siége d'une place de guerre ou d'un poste militaire est déclaré par une loi ou par un décret.

Il résulte aussi de l'une des circonstances suivantes :

1° L'investissement de la place ou du poste par des troupes ennemies qui interceptent les communications du dehors en dedans et du dedans en dehors, à la distance de 3,500 mètres des crêtes du chemin couvert;

2° Une attaque de vive force ou par surprise;

3° Une sédition intérieure;

4° Enfin des rassemblements formés dans le rayon d'investissement, sans l'autorisation des magistrats.

Dans ces circonstances, la déclaration de l'état de siége peut être faite par le commandant de la place.

Le Ministre de la guerre est immédiatement informé.

Dans le cas d'une attaque régulière, l'état de siége ne cesse qu'après que les travaux de l'ennemi ont été détruits et les brêches réparées ou mises en état de défense.

TITRE VII.

DES PRÉSÉANCES ET DES HONNEURS MILITAIRES DANS LES ARMÉES DE TERRE ET DE MER.

CHAPITRE XXXIII.

Préséances.

Cérémonies publiques et réunions officielles.

291. Dans les cérémonies publiques et réunions officielles, les autorités, officiers, fonctionnaires et employés des armées de terre et de mer se placent dans l'ordre ci-après :

1° AUTORITÉS DES ARMÉES DE TERRE ET DE MER AYANT RANG INDIVIDUEL.

Maréchal de France et amiral,
Général commandant la division territoriale,
Préfet maritime,
Général commandant la subdivision territoriale,
Major général de la marine,
Commandant de place.

2° ÉTAT-MAJOR DE LA DIVISION.

Généraux de division ou de brigade, employés à tout autre titre qu'à celui de commandant territorial, ou disponibles,

Intendants généraux inspecteurs et intendants militaires en activité, ou disponibles,

Inspecteurs du service de santé,

Officiers supérieurs et autres du corps d'état-major attachés à la division,

Directeurs de l'artillerie et du génie et officiers attachés aux commandements, inspections et directions de ces armes,

Chefs de légion de gendarmerie.

3° ÉTAT-MAJOR DE LA PRÉFECTURE MARITIME.

Vice-amiraux et contre-amiraux employés à tout autre titre que ceux de préfet maritime ou de major général,

Généraux de division et généraux de brigade des troupes de la marine,

Inspecteurs généraux des constructions navales, des travaux hydrauliques et du service de santé,

Directeur des constructions navales,

Commissaire général,

Inspecteurs en chef des services administratifs,

Directeur du service de santé,

Aumônier en chef,

Directeurs des mouvements du port, de l'artillerie et des travaux hydrauliques,

Commandant supérieur des bâtiments à vapeur,

Officiers supérieurs et autres attachés aux états-majors généraux.

4° ÉTAT-MAJOR DE LA SUBDIVISION.

Officiers d'état-major attachés à la subdivision,

Sous-intendants militaires et adjoints à l'intendance militaire,

Officiers, fonctionnaires et employés attachés aux écoles militaires spéciales et d'application,

Officiers du service du recrutement,

Officiers et employés militaires du service de la remonte,

Officiers et employés militaires du service de la justice militaire,

Officiers de gendarmerie.

5° ÉTAT-MAJOR DE LA MAJORITÉ.

Officiers de marine,
Ingénieurs des constructions navales,
Ingénieurs hydrographes,
Ingénieurs des travaux hydrauliques,
Officiers du commissariat,
Officiers de l'inspection des services administratifs,
Officiers de santé,
Aumôniers,
Mécaniciens en chef et principaux agents du service des directions de travaux,
Manutentionnaires des subsistances,
Officiers des tribunaux maritimes,
Examinateurs et professeurs de l'école navale,
Examinateurs et professeurs des écoles d'hydrographie,
Trésoriers des invalides,
Gardes et autres employés de l'artillerie,
Officiers de gendarmerie,
Corps d'officiers de troupe.

6° ÉTAT-MAJOR DE LA PLACE.

Officiers de l'état-major de la place,
Officiers et employés militaires { d'artillerie, / du génie, } attachés à la place et aux établissements de l'arme,
Officiers et employés militaires des parcs des équipages militaires,
Aumôniers,
Médecins et pharmaciens (1),
Officiers d'administration,
Vétérinaires (1),
Interprètes,
Corps d'officiers de troupe.

Dans chaque groupe de chaque état-major, les officiers généraux et autres, les fonctionnaires et employés se placent, suivant leur grade ou leur rang.

A égalité de grade ou de rang, le commandant territorial ou le préfet maritime a la préséance.

Pour tous les autres officiers, fonctionnaires ou employés, la droite, à égalité de grade ou de rang, appartient au plus ancien.

Officiers retirés du service.

292. Les officiers de tout grade *retirés du service* peuvent assister aux

(1) Autres que ceux de troupe qui marchent avec leurs corps, de même que les chefs de musique.

cérémonies publiques; les officiers généraux se réunissent à l'état-major de la division ou de la préfecture maritime; les officiers supérieurs et autres à l'état-major de la majorité générale ou de la place. Les uns et les autres marchent dans ces états-majors, après tous les officiers en activité ou en disponibilité de leur corps ou arme.

Places qui sont ports de la marine impériale.

293. Dans l'enceinte de l'arsenal ou sur les terrains de la marine, les autorités maritimes ont la droite. Réciproquement, la droite appartient, dans la place, aux autorités militaires.

Ports qui ne sont pas siéges de préfectures maritimes.

294. Dans les ports qui ne sont pas siéges de préfectures maritimes, le chef du service de la marine se réunit à l'état-major de la division; tous les autres officiers, fonctionnaires ou employés de la marine se réunissent à l'état-major de la place.

Dispositions générales.

295. A défaut, dans la localité, de l'état-major dans lequel un officier, fonctionnaire ou employé doit prendre place, il se réunit à l'état-major immédiatement inférieur.

CHAPITRE XXXIV.

Rang des troupes.

Ordre de bataille.

296. L'ordre de bataille, pour les réunions de troupes, parades, revues, cérémonies publiques, etc., est réglé comme il suit :

ARMÉE DE TERRE.

1° TROUPES A PIED.

GARDES NATIONALES.
INVALIDES.

VÉTÉRANS........ { Fusiliers. Canonniers. Sous-officiers. Gendarmes.

GARDE IMPÉRIALE... { Chasseurs à pied. Zouaves. Voltigeurs.

- **Garde impériale**
  - Artillerie (avec leur matériel)
    - montée
    - à pied
    - Ouvriers pontonniers
  - Génie (avec leur matériel)
  - Grenadiers.
  - Gendarmes.
- **Gendarmerie**
  - Garde de Paris.
  - Gendarmerie départementale.
- **Sapeurs-pompiers** de la ville de Paris.
- **Troupes de ligne**
  - Chasseurs à pied.
  - Zouaves.
  - Artillerie (avec leur matériel)
    - montée
    - à pied
    - Pontonniers
    - Ouvriers
    - Armuriers
  - Génie (avec leur matériel)
    - Mineurs et sapeurs
    - Ouvriers
  - Infanterie de ligne.
- **Troupes de l'administration**
  - Ouvriers des équipages militaires.
  - Infirmiers.
  - Ouvriers d'administration.

2° TROUPES A CHEVAL.

- **Gardes nationales.**
- **Cent-gardes.**
- **Garde impériale**
  - Guides.
  - Chasseurs.
  - Lanciers.
  - Dragons.
  - Artillerie (avec leur matériel)
    - à cheval
    - Train
  - Cuirassiers.
  - Gendarmes.
  - Train des équipages.
- **Gendarmerie**
  - Garde de Paris.
  - Gendarmerie départementale.
- **Troupes de ligne**
  - Chasseurs d'Afrique.
  - Hussards.
  - Chasseurs.
  - Lanciers.
  - Dragons.
  - Artillerie (avec leur matériel)
    - à cheval
    - Train
  - Cuirassiers.
  - Carabiniers.
  - Cavaliers de remonte.
  - Train des équipages.

ARMÉE DE MER.

1° TROUPES A PIED.

GENDARMERIE.
ARTILLERIE.
ÉQUIPAGES DE LA FLOTTE.
INFANTERIE.

2° TROUPES A CHEVAL.

GENDARMERIE.

CHAPITRE XXXV.

HONNEURS MILITAIRES.

HONNEURS A RENDRE PAR LES CORPS D'OFFICIERS ET LES PERSONNELS DES DIVERS SERVICES.

Principales subdivisions de la règle des honneurs.

298. La règle des honneurs militaires comprend les subdivisions suivantes :

1° Honneurs à rendre par les corps d'officiers et les personnels des divers services (visites de corps) ;
2° Honneurs à rendre par les troupes ;
3° Honneurs à rendre par les postes, gardes et piquets ;
4° Honneurs à rendre par les sentinelles, plantons, etc. ;
5° Escortes d'honneur ;
6° Salves d'artillerie (à titre d'honneur) ;
7° Mot d'ordre (à titre d'honneur) ;
8° Visites individuelles (à titre d'honneur) ;
9° Honneurs funèbres ;
10° Prescriptions générales et principes relatifs à l'application de la règle des honneurs.

Chacune de ces différentes subdivisions forme l'un des chapitres ci-après :

Visites de corps.

299. Les corps d'officiers des troupes de terre et de mer, les officiers sans troupes, fonctionnaires et employés de la guerre et de la marine, présents dans la localité, doivent des visites de corps :

Aux Maréchaux de France et Amiraux,
Généraux de division et vice-amiraux,
Préfets maritimes,

Aux Intendants généraux inspecteurs,
Généraux de brigade et contre-amiraux,
Intendants divisionnaires,
Majors généraux de la marine qui ne sont pas contre-amiraux,
Inspecteur général des constructions navales,
Inspecteur général du service de santé (armée de mer),
Inspecteur du service de santé (armée de terre),
Commandants de place,
Cardinaux, archevêques et évêques,
Premiers présidents des Cours impériales,
Préfets,
Président de Cour d'assises (1).

Toutefois, l'obligation des visites de corps, aux officiers, fonctionnaires et employés des armées de terre et de mer, est subordonnée réciproquement à la restriction consacrée par l'art. 300 ci-après :

Disposition spéciale.

300. Les corps d'officiers, les officiers sans troupe, fonctionnaires et employés de l'armée de terre, en ce qui concerne leurs obligations à l'égard des autorités maritimes, ne font de visites de corps qu'aux officiers généraux.

Réciproquement les corps d'officiers, les officiers sans troupe, fonctionnaires et employés de l'armée de mer, en ce qui concerne leurs obligations à l'égard des autorités militaires, ne doivent de visites de corps qu'aux officiers généraux.

Chefs de corps ou chefs de service. — Officiers ou fonctionnaires en mission.

301. Les officiers, fonctionnaires et employés de la guerre et de la marine doivent des visites de corps aux officiers et fonctionnaires chefs de corps ou chefs de service, sous les ordres desquels ils sont directement placés, ou qui ont une mission des ministres de la guerre ou de la marine près du service dont ils dépendent.

Visites des corps faites en grande tenue. — Avis préalable.

302. Les visites de corps sont faites en grande tenue. Elles ont lieu après l'arrivée dans la place des personnes à qui elles sont dues, sur l'avis

---

(1) La visite de corps à ce magistrat ne comprend qu'un officier supérieur et un officier de chaque grade par corps, et un fonctionnaire ou employé de chaque service, mais tous les officiers de gendarmerie doivent y prendre part.

que ces personnes ont préalablement adressé à celle des autorités militaires ou maritimes qui a qualité pour donner les ordres nécessaires. Le lendemain de l'arrivée et la veille du départ d'un corps de troupes, des visites sont également faites par le corps d'officiers (art. 197), dans les formes et aux heures indiquées par l'autorité militaire ou maritime.

Disposition spéciale.

305. Lorsqu'un chef de corps ou chef de service est d'un grade ou d'un rang supérieur à celui de la personne à qui une visite est due, il est dispensé d'y prendre part.

Ordre des visites de corps.

306. Les visites de corps se font dans l'ordre suivant :

ARMÉE DE TERRE.

État-major des places.
Corps d'état-major.
Etat-major particulier de l'artillerie.
Etat-major particulier du génie.
Intendance militaire.
Ecoles militaires.
Recrutement.
Remonte.
Justice militaire.
Parcs des équipages.
Aumôniers.
Service de santé.
Services administratifs.
Service vétérinaire.
Interprètes.
Gendarmerie.
Corps de troupes.

ARMÉE DE MER.

Officiers de marine.
Officiers de la direction d'artillerie.
Ingénieurs des constructions navales.
Ingénieurs hydrographes.
Ingénieurs des travaux hydrauliques.
Commissariat (jusqu'au grade d'aide-commissaire inclus).
Inspection.
Officiers de santé.
Mécaniciens en chef et principaux.

Agents divers des services administratifs (1) (jusqu'aux assimilés à l'aide-commissaire).
École navale.
Trésoriers des invalides de la marine.
Justice maritime.
Gendarmerie maritime.
Corps de troupe de la marine.

Ces différentes catégories passent successivement dans l'ordre déterminé ci-dessus.

Nota. Les dispositions auxquelles les corps d'officiers, fonctionnaires et employés de la guerre et de la marine doivent se conformer, pour se réunir en vue des visites de corps qu'ils ont à rendre, sont toujours prescrites à l'avance par l'autorité militaire ou maritime compétente.

Dans chacune d'elles, les officiers, fonctionnaires et employés sont placés entre eux suivant leur grade ou rang.

CHAPITRE XXXVI.

Honneurs à rendre par les troupes (2).

Le Saint-Sacrement.

307. Lorsque le Saint-Sacrement passe devant une troupe en armes, elle fait halte, si elle est en marche, et se forme en bataille. Les hommes dans le rang présentent les armes, mettent le genou droit à terre et portent la main droite à la coiffure. Les tambours et clairons battent et sonnent aux champs, les trompettes sonnent la marche. Tous les officiers saluent de l'épée ou du sabre. Les drapeaux et étendards saluent.

L'Empereur.

308. Lorsque Sa Majesté entre dans une place, toutes les troupes prennent les armes. La moitié de l'infanterie est en bataille aux abords de la place, à droite et à gauche de la porte par laquelle l'Empereur doit entrer, et forme la haie sur son passage. Le reste de l'infanterie et les autres troupes forment la haie dans les rues, ou sont en bataille sur les places (3).

---

(1) Par catégories, d'après l'ordre de l'Annuaire de la marine.

(2) Voir, pour les escortes, les salves d'artillerie et le mot d'ordre (à titre d'honneur), les art. 343 et suivants, 349 et suivants, 352 et suivants.

(3) Les troupes ne se forment en haie que pour.......................... { L'Empereur, L'Impératrice, Le Prince Impérial, Les Princes français.

Les troupes présentent les armes, les tambours et clairons battent et sonnent aux champs, les trompettes sonnent la marche. Tous les officiers saluent de l'épée ou du sabre. Les drapeaux et étendards saluent.

Les mêmes honneurs sont rendus par les troupes que Sa Majesté passe en revue ou qui se trouvent sur son passage.

Si la troupe est en marche, elle fait halte et se forme en bataille pour rendre les honneurs.

Dans une place de guerre, l'officier général supérieur ou autre commandant sur les lieux, accompagné du commandant de place et des officiers de l'état-major de la place, se trouve à l'avancée, lors de l'entrée de Sa Majesté dans la place, pour lui en présenter les clefs.

Si l'Empereur séjourne, et lors même que les troupes de sa garde font le service auprès de sa personne, les corps d'infanterie de la garnison fournissent, à tour de rôle, un poste d'honneur, formé d'un bataillon avec le drapeau et commandé par le chef de corps.

Si l'Empereur séjourne dans un port militaire, le poste d'honneur est formé alternativement par les troupes de terre et de mer.

Un poste de cavalerie, formé d'un escadron avec l'étendard, et commandé par le chef de corps, est également placé devant la résidence impériale. Tous les corps de cavalerie alternent pour ce service d'honneur. Le poste fournit deux vedettes, qui se tiennent le fusil haut ou le sabre à la main devant l'entrée de la résidence.

Si l'Empereur conserve tout ou partie de ses postes d'honneur, les officiers qui les commandent prennent les ordres du grand maréchal du palais ou de son suppléant.

Lorsque l'Empereur reçoit les corps d'officiers, ils lui sont successivement présentés, en l'absence du ministre de la guerre ou de la marine, par l'officier général ou supérieur commandant sur les lieux, ou par le préfet maritime.

Lorsque Sa Majesté sort de la place, on observe le même cérémonial que pour son entrée.

Lorsque l'Empereur voyage, la gendarmerie départementale l'attend, formée en bataille sur la route, au point le plus voisin du lieu où elle réside. Elle lui rend les honneurs.

Lorsque Sa Majesté arrive dans un camp à l'intérieur, les troupes sont en bataille en avant du front de bandière. Elles rendent les honneurs comme il a été dit.

Il n'est rendu d'honneurs à personne dans les lieux où se trouve Sa Majesté, pendant le temps de son séjour et pendant les vingt-quatre heures qui précèdent son arrivée et qui suivent son départ.

Dans la capitale, cette restriction est bornée à l'enceinte du palais qu'habite Sa Majesté.

L'Impératrice et le Prince Impérial.

309. Les honneurs à rendre à l'Impératrice et au Prince impérial, lorsqu'ils n'accompagnent pas Sa Majesté, sont les mêmes que ceux qui appartiennent à l'Empereur; mais les clefs de la place ne leur sont pas présentées.

Les Princes français.

310. Les troupes rendent aux Princes français les mêmes honneurs qu'à l'Empereur, mais le quart seulement de l'infanterie s'établit aux abords de la place; les clefs de la place ne leur sont pas présentées, et ils n'ont pas de garde de cavalerie à leur résidence. Le poste d'honneur est de cent hommes d'infanterie d'élite, commandés par un capitaine.

Lorsque les Princes font partie du corps de troupes qui forme la garnison ou le camp, ils ne reçoivent, du lendemain de leur arrivée à la veille de leur départ, que les honneurs dus à leur grade.

Les ministres.

311. Pour les ministres la garnison prend les armes. Les troupes sont en bataille sur leur passage et présentent les armes. Les tambours et clairons battent et sonnent aux champs, les trompettes sonnent la marche.

Les officiers supérieurs, seulement, saluent de l'épée ou du sabre. Les drapeaux et étendards saluent.

Une garde de soixante hommes d'élite, commandés par un capitaine, leur est envoyée.

Pour le ministre de la guerre, dans toutes les places, et pour le ministre de la marine, dans les places qui sont en même temps ports de la marine impériale, la garde est de quatre-vingts hommes d'élite commandés par un capitaine. Le commandant de place le reçoit à l'avancée. Un officier d'ordonnance du grade de lieutenant ou sous-lieutenant lui est envoyé par chaque corps de la garnison.

Maréchaux de France et amiraux.

312. Les maréchaux et amiraux investis d'un commandement ou en mission sont reçus, lors de leur prise de possession ou de leur première entrée, de la même manière que les ministres de la guerre et de la marine; mais leur garde n'est que de cinquante hommes d'élite commandés par un capitaine.

Toutes les fois qu'ils paraissent devant les troupes qu'ils commandent, celles-ci présentent les armes, les tambours et clairons battent et sonnent aux champs, les trompettes sonnent la marche, les officiers supérieurs, seulement, saluent de l'épée ou du sabre. Les drapeaux et étendards saluent.

Généraux de division. — Vice-amiraux. — Préfets maritimes.

313. Les généraux de division commandants en chef reçoivent, dans l'étendue de leur commandement, les mêmes honneurs que ceux qui appartiennent aux maréchaux.

Les vice-amiraux investis d'un commandement en chef à la mer reçoivent, lorsqu'ils se présentent dans une place de guerre qui est en même temps port de la marine impériale, les mêmes honneurs que ceux qui appartiennent aux amiraux.

Les généraux de division commandants en chef, hors de l'étendue de leur commandement; les vice-amiraux commandants en chef, dans les places qui ne sont pas en même temps ports de la marine impériale, ne reçoivent que les honneurs prescrits ci-après pour les généraux de division et les vice-amiraux exerçant un commandement territorial.

Lorsque les généraux de division commandant une division territoriale ou les préfets maritimes prennent possession de leur commandement ou entrent pour la première fois dans une place qui en dépend, le commandant de place les reçoit à l'entrée. Les troupes formées en bataille sur leur passage portent les armes. Les tambours, clairons et trompettes battent ou sonnent le rappel. Les officiers supérieurs, seulement, saluent de l'épée ou du sabre. Les drapeaux et étendards saluent. Ils ont une garde de cinquante hommes d'élite commandés par un capitaine, fournissant deux sentinelles.

Toutes les fois que les généraux de division commandants territoriaux ou les préfets maritimes se présentent devant leurs troupes, elles portent les armes. Les tambours, clairons et trompettes battent et sonnent le rappel. Les officiers supérieurs, seulement, saluent de l'épée et du sabre. Les drapeaux et étendards saluent.

Pour les généraux de division et vice-amiraux inspecteurs généraux ou employés, les troupes de la garnison ne prennent pas les armes. Lorsqu'ils se présentent devant celles qu'ils ont la mission d'inspecter, ou qu'ils commandent, elles portent les armes; les tambours, clairons et trompettes battent ou sonnent le rappel. Les officiers supérieurs, les drapeaux et étendards ne saluent que la première et la dernière fois que ces officiers généraux voient les troupes. Ils ont une garde de trente hommes d'élite, commandée par un lieutenant. Ils ont deux sentinelles d'élite.

Généraux de brigade et contre-amiraux.

314. Lorsque les généraux de brigade commandant une subdivision territoriale prennent possession de leur commandement ou entrent pour

la première fois dans une place qui en dépend, le commandant de la place les reçoit à l'entrée. Les troupes, formées en bataille sur leur passage, portent les armes. Les tambours, clairons et trompettes sont prêts à battre ou à sonner. Les officiers supérieurs, seulement, saluent de l'épée ou du sabre. Les drapeaux et étendards ne saluent pas. Leur garde est de trente hommes tirés des compagnies du centre et commandés par un lieutenant ou sous-lieutenant. Ils ont une sentinelle.

Toutes les fois que les généraux de brigade commandants territoriaux se présentent devant leurs troupes, celles-ci portent les armes. Les tambours, clairons et trompettes sont prêts à battre ou à sonner. Les officiers supérieurs, les drapeaux et étendards ne saluent pas.

Pour les généraux de brigade inspecteurs généraux, les troupes de la garnison ne prennent pas les armes. Lorsqu'ils se présentent devant celles qu'ils ont la mission d'inspecter, elles portent les armes, les tambours, clairons et trompettes sont prêts à battre ou à sonner. Les officiers supérieurs ne saluent que la première et la dernière fois que ces officiers généraux voient les troupes. Les drapeaux et étendards ne saluent pas. Leur garde, commandée par un lieutenant ou un sous-lieutenant, est de vingt hommes tirés des compagnies du centre. Ils ont une sentinelle.

Dans les places qui sont en même temps ports de la marine impériale, les contre-amiraux, majors généraux de la marine, reçoivent les honneurs déterminés ci-dessus pour les généraux de brigade inspecteurs généraux.

Les généraux de brigade et contre-amiraux employés reçoivent les mêmes honneurs, mais leur garde n'est que de quinze hommes tirés des compagnies du centre et commandés par un sergent. Ils ont une sentinelle.

Toutes les fois qu'un officier général, quel que soit son grade et quelle que soit sa mission, se présente devant les troupes pour en passer la revue, le commandant de ces troupes se porte vivement au-devant de lui, le salue de l'épée ou du sabre et reste à portée de recevoir ses ordres.

En l'accompagnant dans sa revue, il lui cède toujours le côté des troupes.

Intendants généraux inspecteurs.

315. Les intendants généraux inspecteurs ont droit à une sentinelle d'élite pendant leurs tournées d'inspection.

Intendants militaires inspecteurs.

316. Les intendants militaires inspecteurs ont droit à une sentinelle tirée des compagnies du centre, pendant leurs tournées d'inspection.

Intendants divisionnaires. — Commissaires généraux de la marine.

317. Les intendants militaires divisionnaires et les commissaires généraux de la marine dans un port ont, en tout temps, une sentinelle tirée des compagnies du centre.

Inspecteurs du service de santé (Armée de terre).

Les inspecteurs du service de santé, en mission d'inspection, ont une sentinelle tirée des compagnies du centre.

Inspecteurs généraux des constructions navales et du service de santé (Armée de mer).

Les inspecteurs généraux des constructions navales et du service de santé, en tournée d'inspection, ont également une sentinelle tirée des compagnies du centre.

Cardinaux-archevêques ou évêques. — Archevêques ou évêques.

318. Lorsque les cardinaux-archevêques ou évêques prennent possession de leur siége ou font leur première entrée dans une des villes de leur archevêché ou évêché, les troupes sont en bataille sur leur passage, elles portent les armes. Les officiers supérieurs ou autres et les drapeaux et étendards ne saluent pas. Les tambours, clairons et trompettes battent et sonnent le rappel. Ils ont, le jour de leur arrivée seulement, une garde de cinquante hommes d'élite commandée par un capitaine. En tout temps ils ont une sentinelle d'élite.

Les archevêques ou évêques reçoivent les mêmes honneurs, le jour de leur prise de possession ou première entrée. Mais ils n'ont, le jour de leur arrivée, qu'une garde, commandée par un lieutenant ou un sous-lieutenant, de quarante hommes tirés des compagnies du centre pour un archevêque, et de trente hommes pour un évêque. En tout temps ils ont une sentinelle tirée des compagnies du centre.

Préfets.

319. Lorsque les préfets font leur première entrée dans le chef-lieu ou visitent pour la première fois une ville du département, les troupes sont en bataille sur leur passage. Elles portent les armes. Les officiers supérieurs ou autres et les drapeaux et étendards ne saluent pas. Les tambours, clairons et trompettes sont prêts à battre ou à sonner.

En tout temps un poste de dix hommes tirés des compagnies du centre, commandé par un sergent, est établi à l'hôtel de la préfecture. Il fournit une sentinelle.

Présidents de Cours d'assises.

320. Les présidents de Cours d'assises ont droit à une sentinelle tirée des compagnies du centre, pendant toute la durée de la session des assises.

Majors généraux de la marine. — Commandants de place. — Chefs de corps de troupes.

321. Les majors généraux de la marine, les commandants de place, les colonels des corps de troupes et les autres chefs de corps ayant un drapeau ou étendard ont une sentinelle tirée des compagnies du centre.

Honneurs à rendre par les troupes aux drapeaux et étendards.

324. Ces honneurs sont rendus conformément aux règles tracées par le titre V de l'ordonnance du 4 mars 1831 sur les manœuvres de l'infanterie, et par le titre Ier de l'ordonnance du 6 décembre 1829 sur les manœuvres de la cavalerie.

Honneurs du défilé.

325. Les honneurs du défilé sont exclusivement attribués :

A Leurs Majestés,
Au Prince Impérial,
Aux Princes français,
Aux Ministres de la guerre et de la marine,
Aux Maréchaux et Amiraux,
Aux généraux de division et vice-amiraux,
Aux généraux de brigade et contre-amiraux,
Aux officiers supérieurs exerçant titulairement un commandement territorial.

Les chefs de corps et les officiers placés, à quelque titre que ce soit, à la tête d'une troupe, font aussi défiler cette troupe; mais ils commandent eux-mêmes le défilé, qui n'a pas, dans ce cas, le caractère que lui attribue le paragraphe précédent.

Lorsque les troupes défilent :

Devant Leurs Majestés, Le Prince Impérial, Les Princes français,	Les commandants des troupes, quel que soit leur grade, les officiers supérieurs et officiers de tout grade saluent de l'épée ou du sabre. Les drapeaux et étendards saluent.

Devant les Ministres de la guerre ou de la marine, Les Maréchaux ou Amiraux, Les généraux de division ou vice-amiraux commandants en chef, Les généraux de division commandants territoriaux, Les préfets maritimes, Les généraux de division inspecteurs généraux,	Les commandants des troupes et les officiers supérieurs, seulement, saluent de l'épée ou du sabre. Les drapeaux et étendards saluent. Toutefois le salut des drapeaux et étendards n'est attribué aux généraux de division inspecteurs généraux que la première et la dernière fois qu'ils voient les troupes, et les seuls commandants des troupes les saluent de l'épée ou du sabre.
Devant les généraux de brigade command. territoriaux. les généraux de brigade inspecteurs généraux,	Les officiers supérieurs ne les saluent que lors de leur prise de possession ou première entrée dans une place, s'ils sont commandants territoriaux ou préfets maritimes, ou la première et la dernière fois qu'ils voient les troupes, s'ils sont inspecteurs généraux. Les drapeaux et étendards ne saluent pas.
Devant les généraux de brigade et contre-amiraux employés,	Les commandants des troupes les saluent de l'épée ou du sabre. Les officiers supérieurs, drapeaux et étendards ne saluent pas.

En défilant, les médecins militaires, vétérinaires, chefs de musique et chefs armuriers attachés aux corps des troupes, ne saluent pas. Ils gardent l'épée ou le sabre au fourreau.

Les fonctionnaires de l'intendance, les médecins, pharmaciens et autres employés militaires, soit qu'ils appartiennent au service territorial, soit qu'ils soient attachés à des troupes organisées activement, qui ont été convoqués pour les revues par les officiers généraux commandants, ne défilent pas.

Pendant la revue, ils se groupent sur le terrain, faisant face au centre du front des troupes. Pendant le défilé, ils s'établissent avec les divers officiers sans troupe convoqués pour la revue, suivant l'ordre déterminé à l'article 306, à quelques pas en arrière de l'officier général devant lequel les troupes défilent, et du côté opposé à leur arrivée. Ces règles sont applicables aux revues passées par l'Empereur, par le Ministre de la guerre, un Maréchal de France, ou un général de division commandant en chef.

Honneurs à rendre par les troupes pendant le service religieux.

326. Lorsqu'une troupe est commandée pour assister en armes au service religieux, elle entre dans l'église en marchant par le flanc, les armes descendues. Les deux rangs se partagent dans la nef, se plaçant à droite et

à gauche de manière à en laisser le milieu libre. Ils se font face et se reposent sur les armes. Les officiers, sous-officiers et soldats restent couverts. Ils ne rendent, pendant tout le temps de leur séjour dans l'église, aucun honneur individuel.

Un caporal et deux hommes sont détachés pour entourer l'autel, le caporal lui faisant face.

La troupe porte les armes *au commencement de la messe*, et se repose sur les armes un instant après.

A l'Évangile, la troupe porte les armes. Dès qu'il est terminé, elle se repose sur les armes.

A l'élévation, la troupe porte et présente les armes, met le genou droit à terre et porte la main droite à la coiffure. Les tambours ou clairons battent ou sonnent aux champs; les trompettes sonnent la marche. Après l'élévation, la troupe se relève au commandement : *Debout!* porte les armes et se repose sur les armes.

A la communion, la troupe porte les armes et se repose sur les armes immédiatement après.

Au Domine salvum, elle porte les armes.

Les hommes placés autour de l'autel exécutent les mêmes mouvements que la troupe.

Le service terminé, ces hommes rejoignent. La troupe fait par le flanc droit et par le flanc gauche, par file à gauche et par file à droite, se retire, les armes descendues, se reforme à la sortie de l'église et met l'arme au bras.

La musique assiste toujours au service. Pendant sa durée elle fait entendre des airs convenablement choisis de musique religieuse.

CHAPITRE XXXVII.

Honneurs à rendre par les postes, gardes et piquets.

Le Saint-Sacrement.

327. La garde prend les armes ou monte à cheval, se forme en bataille, présente les armes, les tambours et clairons battent ou sonnent aux champs, les trompettes sonnent la marche, les officiers saluent de l'épée ou du sabre, les hommes dans le rang (infanterie) mettent à terre le genou droit et portent la main droite à la coiffure :

Quand le Saint-Sacrement passe à la vue d'un poste.

Il est fourni du premier poste devant lequel passe le Saint-Sacrement deux soldats pour son escorte. Ils marchent l'arme dans le bras droit et sont relevés de poste en poste.

Leurs Majestés. — Le Prince Impérial.

328. La garde prend les armes ou monte à cheval, se forme en bataille, présente les armes, les tambours ou clairons battent ou sonnent aux champs, les trompettes sonnent la marche, les officiers saluent de l'épée ou du sabre :

Quand Leurs Majestés,
le Prince Impérial,

passent devant un poste.

Les Princes, les Ministres, etc.

329. La garde prend les armes ou monte à cheval, se forme en bataille, porte les armes, les tambours et clairons battent ou sonnent aux champs, les trompettes sonnent la marche pour

Les Princes français,
Les Ministres,
Les Maréchaux ou amiraux,
Une troupe en armes.

Cardinaux, généraux de division, vice-amiraux, archevêques et évêques.

330. La garde prend les armes ou monte à cheval, se forme en bataille, porte les armes ; les tambours, clairons et trompettes battent ou sonnent le rappel :

Pour les Cardinaux,
les généraux de division et vice-amiraux,
les préfets maritimes,
les archevêques ou évêques,
le Sénat,
le Corps législatif,
le Conseil d'État,
la Cour de cassation,
la Cour des comptes,
les Cours impériales,
} réunis en costume officiel.

Généraux de brigade et contre-amiraux.

331. La garde prend les armes ou monte à cheval, se forme en bataille, porte les armes, les tambours, clairons ou trompettes sont prêts à battre ou à sonner :

Pour les généraux de brigade et contre-amiraux.

Majors généraux de la marine, commandants de place, etc.

332. La garde prend les armes ou monte à cheval, se forme en bataille,

l'arme au pied ou le sabre au fourreau; les tambours, clairons ou trompettes sont prêts à battre ou à sonner :

Pour les majors généraux de la marine qui ne sont pas contre-amiraux,
les commandants de place,
les Cours d'assises,
les tribunaux de première instance,
les tribunaux de commerce,
les corps municipaux.

Préfets.

333. La garde prend les armes ou monte à cheval, porte les armes, les tambours, clairons et trompettes sont prêts à battre ou à sonner :

Pour le préfet, en costume officiel, lors de son entrée en fonctions, de ses tournées dans les villes du département, et lorsqu'il se rend avec son escorte à une cérémonie publique.

Toutes les fois qu'il sort de la préfecture en costume officiel, sa garde lui rend les mêmes honneurs.

Gardes de police.

334. La garde de police sort sans armes et se forme en bataille, quand le chef de corps passe devant elle. Elle prend les armes et rend les honneurs quand un officier général se présente pour visiter le quartier.

Piquets.

335. Les piquets, les gardes ou postes réunis accidentellement pour un service spécial (les gardes d'honneur exceptées) se conforment, pour les honneurs à rendre, aux dispositions ci-dessus.

Gardes d'honneur.

336. Les gardes d'honneur ne rendent d'honneurs qu'au Saint-Sacrement, à la personne auprès de laquelle elles sont placées, à celles qui lui sont supérieures ou égales en rang, au major général de la marine et au commandant de place.

Troupes en armes.

337. Lorsqu'une troupe en armes passe devant un poste, la garde sort, se forme en bataille et porte les armes. Les tambours et les clairons battent ou sonnent aux champs, les trompettes sonnent la marche.

CHAPITRE XXXVIII.

Honneurs à rendre par les sentinelles, plantons, etc.

Présentation des armes.

338. Les sentinelles s'arrêtent et font face en tête pour rendre les honneurs, dès que le corps ou la personne à qui ils sont dus est arrivé à cinq pas d'elles. Elles restent dans cette position jusqu'à ce qu'elles aient été dépassées de cinq pas.

Elles présentent les armes :

Au Saint-Sacrement,
A Leurs Majestés,
Au Prince Impérial,
Aux Princes français,
Aux Ministres,
Aux Sénateurs,
Aux Députés du Corps législatif,
Aux Conseillers d'État,
Aux Cardinaux, archevêques et évêques,
Aux Maréchaux et Amiraux,
Aux grand'croix, Aux grands officiers, Aux commandeurs, } de la Légion d'honneur,
Aux préfets maritimes,
Aux officiers généraux et supérieurs,
Aux intendants généraux inspecteurs, intendants et sous-intendants militaires,
Aux préfets,
Aux inspecteurs généraux, directeurs, ingénieurs en chef, ingénieurs des constructions navales et hydrographes de la marine,
Aux commissaires généraux, commissaires, commissaires adjoints, inspecteurs en chef, inspecteurs adjoints des services administratifs de la marine,
Aux médecins et pharmaciens inspecteurs et principaux de l'armée,
A l'inspecteur général, aux directeurs du service de santé, aux officiers de santé en chef, professeurs du service de santé et chirurgiens principaux de la marine,
Aux examinateurs de l'école navale et des écoles d'hydrographie,
A l'aumônier en chef de la marine et aux aumôniers supérieurs de l'armée.

Port des armes.

339. Elles portent les armes :

Aux officiers et chevaliers de la Légion d'honneur,
Aux capitaines, lieutenants et aux sous-lieutenants,
Aux lieutenants et enseignes de vaisseau et aspirants de 1re classe de la marine,

Aux adjoints à l'intendance militaire,
Aux sous-ingénieurs de la marine (constructions navales et hydrographie),
Aux ingénieurs des travaux hydrauliques de la marine,
Aux sous-commissaires et aides-commissaires de la marine,
Aux médecins et pharmaciens-majors et aides-majors de l'armée,
Aux chirurgiens et pharmaciens de 1re et 2e classe de la marine,
Aux mécaniciens en chef et principaux de 1re et de 2e classe de la marine,
Aux officiers d'administration de l'armée,
Aux agents principaux des directions de travaux et des services administratifs de la marine,
Aux professeurs de l'école navale et des écoles d'hydrographie,
Aux vétérinaires de l'armée,
Aux aumôniers de l'armée et de la marine,
Aux trésoriers des invalides de la marine,
Aux interprètes principaux.

Immobilité sous les armes.

340. Les sentinelles gardent l'immobilité, la main dans le rang, l'arme au bras ou l'arme au pied :

Pour les officiers de tout grade en tenue du matin (armée de terre),
les officiers de tout grade sans épaulettes ou broderies (armée de mer),
les adjudants d'administration,
les aide-vétérinaires,
les chefs de musique,
les interprètes,
les gardes et autres employés de l'artillerie, du génie et des équipages,
les aspirants de 2e classe de la marine,
les sous-officiers des armées de terre et de mer, les caporaux, les brigadiers, les quartiers-maîtres de la marine, les soldats ou marins, } décorés de la médaille militaire.

Plantons et ordonnances.

341. En passant près des officiers de tout grade, les sous-officiers, caporaux et soldats de planton ou envoyés en ordonnance, portent l'arme dans le bras droit sans s'arrêter.

CHAPITRE XXXIX.

Escortes d'honneur.

Le Saint-Sacrement.

342. Quand des processions du Saint-Sacrement ont lieu dans les villes où elles sont autorisées, les troupes sont formées en bataille sur les places

où la procession doit passer, suivant l'ordre déterminé par l'article 296 fixant le rang des troupes.

Deux compagnies d'élite escortent le Saint-Sacrement. A défaut d'infanterie, l'escorte est fournie par des détachements de troupes à cheval faisant le service à pied. Ces troupes marchent en file sur un rang, à droite et à gauche du dais.

L'Empereur.

343. Lorsque l'Empereur fait son entrée dans une ville, toute la gendarmerie et les troupes à cheval vont au-devant de Sa Majesté, à deux kilomètres, et l'escortent jusqu'à la résidence impériale.

Au départ de l'Empereur, la gendarmerie et les troupes à cheval le reconduisent dans le même ordre, jusqu'à la même distance.

Pour l'entrée de Sa Majesté dans les camps à l'intérieur, l'escorte est composée de la gendarmerie formant la prévôté et d'une brigade de troupes à cheval.

L'Impératrice et le Prince Impérial.

344. Les mêmes règles reçoivent application pour l'arrivée dans une place ou dans les camps à l'intérieur et pour le départ de Sa Majesté l'Impératrice et du Prince Impérial.

Les Princes français, les Ministres, etc., etc.

345. L'escorte d'honneur va jusqu'à un kilomètre de la ville pour les Princes français, les ministres et amiraux, et jusqu'à cinq cents mètres pour tous autres fonctionnaires.

L'escorte se compose :

Pour les Princes français :

De toute la gendarmerie et d'un régiment de troupes à cheval.

Pour le Ministre de la guerre — et pour le Ministre de la marine dans les places qui sont ports de la marine impériale :

De cinq brigades de gendarmerie commandées par un chef d'escadron, et de deux escadrons de troupes à cheval commandés par un chef d'escadron.

Pour les autres Ministres,
les maréchaux et amiraux,
les généraux de division commandants en chef, dans l'étendue de leur commandement,

Pour les vice-amiraux commandants en chef, dans les places qui sont ports de la marine impériale,

le jour de leur prise de possession ou de leur première entrée :

De cinq brigades de gendarmerie commandées par un capitaine, et d'un escadron de troupes à cheval commandé par un capitaine.

Pour les généraux de division commandants en chef, hors de l'étendue de leur commandement,

les vice-amiraux commandants en chef, dans les places qui ne sont pas ports de la marine impériale,

les généraux de division commandants territoriaux,

les préfets maritimes,

le jour de leur prise de possession ou de leur première entrée.

De trois brigades de gendarmerie commandées par un lieutenant, et de deux pelotons de troupes à cheval, commandés par un lieutenant.

Pour les Cardinaux-archevêques ou évêques,

les archevêques et les évêques,

le jour de leur prise de possession ou de leur première entrée :

De deux pelotons de troupes à cheval commandés par un lieutenant.

Pour les généraux de division et généraux de brigade, inspecteurs généraux de gendarmerie :

De trois brigades de gendarmerie à cheval commandées par un lieutenant.

Pour les généraux de division et généraux de brigade, inspecteurs généraux d'armes, la première et la dernière fois qu'ils voient les troupes :

D'un peloton de troupes à cheval commandé par un lieutenant ou sous-lieutenant.

Pour les préfets le jour de leur prise de possession :

De deux brigades de gendarmerie à cheval, commandées par un lieutenant. En outre, pendant leurs tournées dans le département, les préfets peuvent être escortés par deux gendarmes.

Pour les présidents de Cours d'assises, le jour de leur entrée :

D'une brigade de gendarmerie.

Escortes des autorités territoriales dans les cérémonies publiques.

346. Dans les cérémonies publiques, les maréchaux de France et généraux de division investis d'un commandement territorial, les préfets

maritimes et les préfets peuvent avoir, au chef-lieu de leur commandement ou de leur administration, une escorte d'honneur qui se compose :

Pour les maréchaux :

De deux compagnies d'infanterie, commandées par un capitaine.

Pour les généraux de division et préfets maritimes :

D'une compagnie d'infanterie, commandée par un capitaine.

Pour les préfets :

D'une section d'infanterie, commandée par un lieutenant ou sous-lieutenant.

Le Sénat, le Corps législatif, le Conseil d'État, etc., etc.

347. Lorsque les grands corps de l'État et les cours de justice se rendent en corps auprès de l'Empereur ou à une cérémonie publique, ils sont escortés par une garde à cheval; à défaut, par une garde à pied qui est répartie en avant, en arrière et sur les flancs du cortége. Ces escortes se composent :

Pour le Sénat,
le Corps législatif,
le Conseil d'État :

D'un escadron de troupe à cheval.

Pour la Cour de cassation,
la Cour des comptes :

De trois pelotons de troupe à cheval.

Pour les Cours impériales :

De deux pelotons.

Pour les Cours d'assises :

D'un peloton.

Pour les tribunaux de première instance,
les tribunaux de commerce,
les corps municipaux :

D'un demi-peloton.

348. A défaut de troupe de ligne, la gendarmerie fournit une escorte d'honneur :

De deux brigades aux Cours impériales,
D'une brigade aux Cours d'assises,
De deux gendarmes aux tribunaux de première instance.

CHAPITRE XLI.

Mot d'ordre.

Dispositions générales.

352. Partout où se trouve l'Empereur, Sa Majesté donne le mot. Les Ministres de la guerre et de la marine le transmettent à leurs subordonnés respectifs. En l'absence de ces Ministres, le mot est porté aux maréchaux et amiraux directement. Il est envoyé aux autres commandants militaires et maritimes par l'aide de camp de service.

Autorités militaires qui donnent le mot.

353. Là où ne se trouve pas Sa Majesté, le mot est donné, suivant le cas, dans l'ordre ci-après :

Par le Prince Impérial,
- les Princes français revêtus d'un grade dans l'armée, quand ils ne sont pas employés en sous-ordre,
- les Ministres de la guerre ou de la marine,
- les Maréchaux ou Amiraux,
- les généraux commandants territoriaux ou préfets maritimes,
- les commandants de place.

Cas d'égalité de grade.

354. A égalité de grade, le mot est donné par celle des autorités militaires présentes qui a la supériorité de l'ancienneté.

Port du mot d'ordre.

355. Le mot est porté :

Au Prince Impérial	par un officier général.
Aux Princes français	par un officier supérieur.
Aux Ministres, Maréchaux ou Amiraux	par un capitaine.
Au généraux de division ou vice-amiraux Aux préfets maritimes	par un lieutenant ou sous-lieutenant.
Aux intendants généraux inspecteurs Aux généraux de brigade ou contre-amiraux Aux intendants divisionnaires Aux inspecteurs du service de santé de l'armée Aux chefs des différents services des ports et arsenaux de la marine Aux préfets Aux présidents de Cours d'assises Aux majors généraux de la marine	par un sous-officier.

Aux commandants de place..................	par un sous-officier.
Aux chefs de corps en station dans la place.	
Au commandant de l'artillerie et au chef du génie..................................	
Au commandant de la gendarmerie........	
Au sous-intendant militaire (de la classe la plus élevée ou le plus ancien) quand il n'y pas d'intendant dans la place............	
Aux chefs du service actif des douanes.....	

Quand le commandant de la gendarmerie, ou le chef du service des douanes est sous-officier, il prend le mot d'ordre à l'état-major de la place.

CHAPITRE XLII.

Visites individuelles.

Dispositions générales.

356. Les officiers généraux et hauts fonctionnaires des divers services de la guerre et de la marine se doivent réciproquement des visites.

Elles ont lieu, lorsqu'ils prennent possession de leurs commandements ou fonctions, ou quand ils arrivent sur les lieux, étant en mission.

La première visite est faite par l'inférieur en grade ou en rang, et, à égalité de grade ou de rang, par l'arrivant. Toutefois, à égalité de grade ou de rang, le commandant territorial ou le préfet maritime reçoit toujours la première visite.

Les visites sont rendues dans les vingt-quatre heures.

A quelles autorités les visites individuelles sont dues.

357. Tout officier, fonctionnaire ou employé, en mission ou venant prendre possession d'un emploi dans la place ou dans le port, doit, à son arrivée, faire visite :

Aux Maréchaux et Amiraux,
Aux officiers généraux,
Aux préfets maritimes,
Aux intendants généraux inspecteurs,
Aux intendants militaires,
Aux majors généraux de la marine,
Aux commandants de la place.

Toutefois, les obligations réciproques des officiers, fonctionnaires et employés des armées de terre et de mer, en ce qui concerne cette visite, sont subordonnées à la restriction consacrée par l'article 300 pour les visites de corps.

Saluts.

358. Tout inférieur, dans l'ordre hiérarchique, doit le salut à son supérieur.

Dans le service, tout fonctionnaire ou employé doit le salut à l'officier revêtu de ses insignes qui est son supérieur ou son égal en rang.

Les cent-gardes et les gendarmes, en raison de la nature de leur recrutement, ne doivent pas le salut aux sous-officiers, caporaux et brigadiers étrangers à leur corps.

CHAPITRE XLIII.

Honneurs funèbres militaires.

Disposition spéciale.

359. Les honneurs funèbres à rendre à l'Empereur, à l'Impératrice et au Prince Impérial sont l'objet de dispositions spéciales arrêtées par le Gouvernement.

Princes français, Cardinaux, Ministres, etc.

360. Toutes les troupes de la garnison prennent les armes :

Pour les Princes français,
les Cardinaux, archevêques ou évêques,
les Ministres,
les Maréchaux et Amiraux,
les généraux de division et vice-amiraux commandants en chef,
les généraux de division commandants territoriaux,
les préfets maritimes,
les archevêques et évêques,
les préfets,
les généraux de brigade commandants territoriaux.

Généraux de division grand'croix de la Légion d'honneur, etc.

361. La moitié de la garnison prend les armes :

Pour les généraux de division ou vice-amiraux employés,
les grand'croix de la Légion d'honneur,
le majors généraux de la marine contre-amiraux.

Généraux de brigade, grands officiers de la Légion d'honneur, etc.

362. Le tiers de la garnison prend les armes :

Pour les généraux de brigade ou contre-amiraux employés,
les grands officiers de la Légion d'honneur,
les majors généraux de la marine, qui ne sont pas contre-amiraux.

Disposition générale.

363. Lorsque les troupes de la garnison prennent les armes, elles sont commandées par l'officier le plus élevé en grade ; la moitié des troupes, par l'officier qui occupe le second rang ; le tiers, par l'officier qui occupe le troisième rang. Toutefois, l'officier qui commande ne doit pas être d'un grade ou d'un rang supérieur à celui de la personne décédée.

Sénateurs, Députés au Corps législatif, conseillers d'État, intendants généraux inspecteurs, etc.

364. Un bataillon d'infanterie ou deux escadrons de troupes à cheval commandés par un colonel ou capitaine de vaisseau prennent les armes :

Pour les Sénateurs, les Députés au Corps législatif, } pendant la session { Décédés en fonctions dans la ville où siége le corps dont ils font partie,
les conseillers d'État décédés en mission, ou en fonctions dans la ville où siége le Conseil d'État,
les intendants généraux inspecteurs,
les inspecteurs généraux des constructions navales, du service de santé et des travaux hydrauliques de la marine,
les colonels et capitaines de vaisseau,
les commandeurs de la Légion d'honneur,
les officiers supérieurs commandants de place (1).

Intendants militaires, directeurs des constructions navales, etc., etc.

365. Un demi-bataillon d'infanterie ou un escadron de troupes à cheval, commandé par un lieutenant-colonel ou capitaine de frégate :

Pour les intendants militaires,
les directeurs des constructions navales,
les ingénieurs hydrographes en chef,
les commissaires généraux de la marine,
les inspecteurs en chef des services administratifs de la marine,
les inspecteurs du service de santé de l'armée,
les directeurs du service de santé de la marine,
l'aumônier de la marine.

Sous-intendants militaires de 1re classe, lieutenants-colonels, capitaines de frégate, etc., etc.

366. Deux compagnies d'infanterie ou deux pelotons commandés par un chef de bataillon, d'escadron ou major :

---

(1) Si le commandant de place décédé est d'un grade inférieur à celui de lieutenant-colonel, le détachement est commandé par un chef de bataillon ou d'escadron.

Pour les sous-intendants militaires de 1re classe,
les lieutenants-colonels et capitaines de frégate,
les ingénieurs de 1re classe des constructions navales,
les ingénieurs hydrographes de 1re classe,
les ingénieurs en chef de 1re classe des travaux hydrauliques,
les commissaires de la marine,
les inspecteurs administratifs de la marine,
les médecins ou pharmaciens principaux de 1re classe de l'armée,
les premiers officiers de santé en chef de la marine,
les examinateurs de l'école navale,
les examinateurs des écoles d'hydrographie,
les ingénieurs de 1re classe des travaux hydrauliques de la marine,
les commandants de place qui ne sont pas officiers supérieurs.

Sous-intendants militaires de 2e classe, ingénieurs de 2e classe des constructions navales, ingénieurs hydrographes de 2e classe, etc.

367. Une compagnie ou un peloton commandé par un capitaine de l'armée ou lieutenant de vaisseau :

Pour les sous-intendants militaires de 2e classe,
les ingénieurs de 2e classe des constructions navales,
les ingénieurs hydrographes de 2e classe,
les ingénieurs en chef de 2e classe des travaux hydrauliques,
les médecins et pharmaciens principaux de 2e classe de l'armée,
les seconds officiers de santé en chef de la marine,
les ingénieurs de 2e classe des travaux hydrauliques,
les chefs de bataillon, d'escadron ou majors,
les officiers de la Légion d'honneur.

Adjoints de 1re classe à l'intendance, commissaires adjoints de la marine, etc., etc.

368. Une section ou un peloton commandé par un lieutenant de l'armée ou enseigne de vaisseau :

Pour les adjoints de 1re classe à l'intendance,
les commissaires adjoints de la marine,
les inspecteurs adjoints des services administratifs de la marine,
les médecins ou pharmaciens-majors de 1re classe de l'armée,
les professeurs du service de santé et chirurgiens principaux de la marine,
les professeurs de 1re classe (école navale et hydrographie).
les aumôniers supérieurs,
les mécaniciens en chef,
les capitaines de l'armée et lieutenants de vaisseau.

Adjoints de 2e classe à l'intendance, sous-ingénieurs des constructions navales, etc., etc.

369. Une demi-section ou un demi-peloton commandé par un sous-lieutenant ou aspirant de 1re classe :

Pour les adjoints de 2e classe à l'intendance,
les sous-ingénieurs des constructions navales,
les sous-ingénieurs hydrographes de la marine,
les professeurs des 2e, 3e et 4e classe aux écoles navales et d'hydrographie,
les élèves du service des constructions navales,
les élèves ingénieurs hydrographes,
les sous-commissaires et aides-commissaires,
les lieutenants, sous-lieutenants de l'armée, enseignes de vaisseau et aspirants de 1re classe,
les médecins et pharmaciens-majors de 2e classe } de l'armée,
les médecins et pharmaciens aides-majors } de l'armée,
les chirurgiens et pharmaciens de la marine,
les mécaniciens principaux,
les aumôniers,
les trésoriers de la marine,
les officiers d'administration principaux et comptables de l'armée,
les interprètes principaux et interprètes,
les vétérinaires principaux et vétérinaires,
les agents administratifs principaux et agents des divers services de la marine,
les chevaliers de la Légion d'honneur.

Gardes de l'artillerie, du génie, etc., adjudants d'administration, chefs de musique, etc.

370. Un quart de section ou un quart de peloton commandé par un sous-officier ou maître :

Pour les gardes principaux et autres, de l'artillerie, du génie et des équipages,
les adjudants d'administration de l'armée,
les sous-agents des divers services administratifs de la marine,
les aides-vétérinaires,
les chefs de musique,
les aspirants de 2e classe, les volontaires de la marine,
les maîtres et chefs artificiers,
les chefs et sous-chefs ouvriers d'état, et les ouvriers d'état,
les sous-officiers, premiers maîtres, maîtres et seconds maîtres,
les soldats et marins décorés de la médaille militaire.

Caporaux et brigadiers, quartiers-maîtres de la marine.

371. Un huitième de section ou de peloton commandé par un caporal, brigadier ou quartier-maître :

Pour les caporaux, brigadiers et quartiers-maîtres.

Officiers de troupe décédés en activité de service.

372. Pour les chefs de corps décédés dans l'exercice du commandement, les corps marchent en entier avec le drapeau ou l'étendard.

Pour les lieutenants-colonels, la moitié du corps commandé par un chef de bataillon ou d'escadron.

Pour les chefs de bataillon, d'escadron ou majors, un bataillon ou deux escadrons commandés par un chef de bataillon ou d'escadron.

Pour les capitaines, leur compagnie, escadron ou batterie.

Pour les lieutenants ou sous-lieutenants, leur section ou peloton.

Officiers, fonctionnaires et employés décédés hors du service.

373. Les honneurs définis par les articles 360, 361 et suivants appartiennent aux officiers, fonctionnaires ou employés qui décèdent dans l'exercice de leurs fonctions.

Ils n'ont droit qu'à la moitié de ces mêmes honneurs, et il n'est pas tiré de canon ni fait de salve de mousqueterie, s'ils décèdent hors du service.

Service des troupes commandées pour rendre les honneurs funèbres. — Marche du cortége.

374. Les troupes commandées pour rendre les honneurs funèbres se rendent à la maison mortuaire. Elles conduisent le corps à l'église où un détachement d'honneur fait le service. Pour aller de la maison mortuaire à l'église et de l'église au cimetière, les troupes marchent en colonne, partie en avant, partie en arrière du char funèbre. Ces deux colonnes sont reliées par des détachements marchant en file à droite et à gauche du char et des voitures de deuil.

Les troupes ont l'arme sous le bras; les aigles des drapeaux ou étendards sont voilées d'un crêpe. Les tambours sont couverts de serge noire. Les clairons et trompettes ont des sourdines et des crêpes.

Sur le char funèbre sont déposés les insignes, armes et décorations du décédé. S'il était officier général en activité ou officier supérieur chef de corps en activité, son cheval de bataille, dont le harnachement est couvert d'un voile noir, est conduit derrière le char.

Les coins du poêle sont portés par quatre personnes de grade ou de rang égal à celui du décédé, et, à défaut, par quatre personnes du grade ou du rang inférieur.

Arrivée à l'église. — Salves d'artillerie.

375. Au moment où le corps arrive à l'église et au moment où il en sort, il est tiré autant de coups de canon que le présent décret en accorde, pour l'entrée d'honneur, à la dignité, au grade ou à la fonction dont la personne décédée était revêtue. Les tambours, clairons et trompettes battent ou sonnent aux champs, battent ou sonnent le rappel, ou enfin sont prêts à battre ou à sonner, d'après la même disposition réglée sur la dignité, le grade ou la fonction dont la personne décédée était revêtue.

Les troupes entrées dans l'église se conforment, pendant le service funèbre, aux dispositions de l'article 326.

Arrivée au cimetière. — Salves de mousqueterie.

376. A l'arrivée au cimetière, la portion des troupes désignée pour rendre les derniers honneurs, est formée en bataille près du lieu de la sépulture. Elle exécute un feu d'ensemble à commandement, au moment où le corps est mis en terre. Elle défile ensuite devant la tombe (1).

Les troupes sont reconduites en bon ordre à leurs quartiers.

Munitions fournies par l'État.

377. Les munitions pour les salves d'artillerie ou de mousqueterie sont fournies par les magasins de l'État.

Deuil du drapeau ou de l'étendard.

378. Les crêpes ne restent aux drapeaux et étendards que pour l'Empereur et les chefs de corps :

Pour l'Empereur, un an;

Pour les chefs de corps, jusqu'à leur remplacement.

Décès d'un chef de corps.

379. Tous les officiers portent le deuil de leur chef de corps pendant un mois.

---

(1) Les salves de mousqueterie, à titre d'honneurs funèbres, sont exclusivement attribuées aux Ministres de la guerre et de la marine, aux Maréchaux et Amiraux, aux officiers généraux, supérieurs et autres des armées de terre et de mer.

Port du deuil militaire et de famille.

380. Le deuil militaire se porte par un crêpe à l'épée; le deuil de famille, par un crêpe au bras gauche.

Députations.

381. L'autorité militaire ou maritime locale reste juge des circonstances dans lesquelles des députations des divers corps doivent assister aux cérémonies funèbres. Elle en règle la composition.

Les honneurs funèbres ne sont rendus qu'une seule fois.

382. Lorsque le corps de la personne décédée doit être transporté d'un lieu dans un autre, les honneurs funèbres ne sont rendus qu'une seule fois.

Déplacement des troupes pour les honneurs funèbres.

383. Les troupes, à moins d'ordres supérieurs, ne sont pas déplacées pour rendre des honneurs funèbres.

La cavalerie fait le service à pied pour les honneurs funèbres.

384. Lorsque l'infanterie est remplacée exceptionnellement, en tout ou en partie, pour rendre les honneurs funèbres, par les troupes à cheval, celles-ci font le service à pied, excepté dans le cas où toute la garnison prend les armes.

Service des honneurs funèbres dans les places qui sont ports de la marine impériale.

385. Dans les places qui sont ports de la marine impériale, les détachements commandés pour rendre les honneurs funèbres à un officier ou fonctionnaire de la guerre ou de la marine sont, autant que possible, composés de troupes des deux départements, en nombre égal. Ils sont commandés par un officier du département auquel appartenait la personne décédée. Cet officier doit avoir la supériorité ou l'ancienneté du grade sur le commandant particulier de chaque détachement. Des officiers de l'armée de terre et de l'armée de mer font partie, quand il y a lieu, du cortége funèbre où les troupes du département auquel appartenait la personne décédée prennent la droite.

En cas d'insuffisance numérique des troupes de l'un des deux départements, l'autre y pourvoit.

CHAPITRE XLIV.

Prescriptions générales et principes relatifs aux honneurs.

Les honneurs rendus du lever au coucher du soleil.

386. Les honneurs militaires ne se rendent que du lever au coucher du soleil.

Les honneurs ne se cumulent pas.

387. Les honneurs militaires ne se cumulent pas. A toute personne revêtue à la fois de plusieurs titres dans les fonctions publiques, il n'est attribué que les honneurs qui appartiennent à la plus élevée de ses fonctions.

Honneurs des intérimaires et des assimilés,

388. Un officier ou fonctionnaire remplaçant son supérieur à titre intérimaire ou provisoire, n'a droit ni au rang ni aux honneurs attribués au titulaire qu'il supplée.

Les fonctionnaires des armées de terre et de mer auxquels des règlements spéciaux auraient assigné le même rang qu'à certains officiers, ne peuvent prétendre aux mêmes honneurs.

Gardes d'honneur auprès des officiers généraux des armées de terre et de mer.

389. Les articles 308 et suivants ont énuméré les personnes à qui sont dues des gardes d'honneur. Le service de ces gardes a été défini par les articles 56 et 336. Elles sont, autant que possible, fournies aux officiers généraux des armées de terre et de mer par les troupes de leurs départements respectifs. En cas d'insuffisance numérique des troupes de l'un des deux départements, l'autre y pourvoit.

Le service des honneurs subordonné à l'effectif des garnisons.

390. Les prescriptions du présent décret, quant à l'effectif des troupes ou détachements marchant pour rendre les honneurs, et au nombre des sentinelles fournies au même titre, sont subordonnées, dans l'application, aux ressources des garnisons et aux nécessités du service général.

Service des honneurs dévolu aux troupes à pied.

391. Le service des honneurs est fait, de préférence, par les troupes à pied.

Costume officiel. Visite du jour de l'an. Drapeaux et étendards.

392. Les visites de corps et autres sont toujours faites, et rendues quand il y a lieu de les rendre, en uniforme ou en costume officiel.

Les honneurs, quels qu'ils soient, ne sont rendus qu'aux personnes revêtues de l'uniforme, du costume officiel ou portant leurs décorations (*Légion d'honneur. — Médaille militaire.*)

Hors le cas d'une convocation officielle de la part de la première autorité locale, les visites à l'occasion du jour de l'an sont purement facultatives.

En toutes circonstances les drapeaux et étendards ne sortent qu'avec les chefs de corps.

Dispositions particulières à la ville de Paris et aux grands centres militaires.

393. Dans la capitale, les visites de corps et les visites individuelles ne sont faites qu'aux autorités sous les ordres desquelles les corps ou les personnes qui doivent la visite sont directement placés.

A Paris, hors les cas spécialement réglés par l'autorité supérieure, dans les places qui renferment une nombreuse garnison, et dans les camps à l'intérieur, les termes « tout, moitié et tiers de la garnison » doivent s'entendre de l'équivalent : pour le premier cas, d'une division ; pour le deuxième, d'une brigade; pour le troisième, de la moitié d'une brigade, comprenant, autant que possible, des détachements des différentes armes.

Honneurs qui ne doivent être rendus que par ordre supérieur.

394. Les honneurs déterminés par les articles 308 et suivants, 343 et suivants, 349 et suivants sont rendus :

A l'Empereur,
A l'Impératrice,
Au Prince Impérial,
Aux Princes français,
Aux Cardinaux-archevêques et évêques,
Aux Ministres,
Aux Maréchaux et Amiraux qui n'ont pas de commandement,
Aux Archevêques et évêques,

sur l'ordre des Ministres de la guerre ou de la marine.

Il en est de même des honneurs funèbres attribués aux Princes français, aux Cardinaux, aux Ministres, aux Maréchaux et aux Amiraux.

Souverains étrangers, corps diplomatique.

395. Les honneurs sont rendus aux Souverains et Princes étrangers et aux membres du corps diplomatique, sur l'ordre des Ministres de la guerre ou de la marine, et d'après une communication du Ministre des affaires étrangères.

Interdiction d'exiger des honneurs particuliers.

396. Il est interdit d'exiger ou de rendre d'autres honneurs militaires que ceux que le présent décret a déterminés.

TABLE DES MATIÈRES.

TITRE Ier.

DES DIFFÉRENTS RAPPORTS SOUS LESQUELS LES PLACES DE GUERRE DOIVENT ÊTRE CONSIDÉRÉES.

CHAPITRE Ier.

TITRE II.

DU COMMANDEMENT DES PLACES DE GUERRE. — DROIT AU COMMANDEMENT.

CHAPITRE II.

TITRE III.

DE L'ÉTAT DE PAIX.

Devoirs et attributions des officiers et employés militaires de l'état-major des places. — Règle de service.

CHAPITRE III.

Définition de l'état de paix.

CHAPITRE VI.

Rapports du commandant de place avec les autorités militaires.

CHAPITRE XIII.

De la police militaire dans les places.

CHAPITRE XIV.

Du service de la gendarmerie dans les places.

CHAPITRE XVI.

Des conseils de guerre et des exécutions.

CHAPITRE XVIII.

Surveillance du commandant de place sur le casernement des troupes, les corps de garde, les hôpitaux et les prisons militaires.

4° Surveillance sur les prisons militaires.

CHAPITRE XX.

Du passage, du séjour et du départ des troupes en route.

TITRE IV.

DE L'ÉTAT DE GUERRE.

CHAPITRE XXVI.

Déclaration de l'état de guerre.

TITRE V.

DE L'ÉTAT DE SIÉGE.

CHAPITRE XXVIII.

Déclaration de l'état de siége.

TITRE VII.

DES PRÉSÉANCES ET DES HONNEURS MILITAIRES DANS LES ARMÉES DE TERRE ET DE MER.

CHAPITRE XXXIII.

Préséances.

CHAPITRE XXXIV.

Rang des troupes.

CHAPITRE XXXV.

Honneurs militaires.

Honneurs à rendre par les corps d'officiers et les personnels des divers services.

CHAPITRE XXXVI.

Honneurs à rendre par les troupes.

CHAPITRE XXXVII.

Honneurs à rendre par les postes, gardes et piquets.

CHAPITRE XXXVIII.

Honneurs à rendre par les sentinelles, plantons, etc.

CHAPITRE XXXIX.

Escortes d'honneur.

CHAPITRE XLI.

Mot d'ordre.

CHAPITRE XLII.

Visites individuelles.

CHAPITRE XLIII.

Honneurs funèbres militaires.

CHAPITRE XLIV.

Prescriptions générales et principes relatifs aux honneurs.

Paris. — LÉAUTEY, Impr. de la Gendarmerie, rue St-Guillaume, 23.

Imp. Léautey, rue Saint-Guillaume, 23.

www.ingramcontent.com/pod-product-compliance
Ingram Content Group UK Ltd.
Pitfield, Milton Keynes, MK11 3LW, UK
UKHW021021200726
13857UKWH00004B/1509